키
;비언어적 표현

해사 밤슬 민윤지 정민희 온전희
오일영 김새운 김률 민명터 전지나
나리빛 김진경 자베르 김태우 이현정
이서록 지기원 현 한수연 이예란
장윤정 기봄빛 사사로운 진지혜 윤보휘
김명선 난바다 도누지 유경지 권서안
성유진 이강민 신재우 정희정 권나영
이승주 신혜수 강예린 탁현태 김예은
김건우 이상호 유연 문진식 배지여 모아미 -

"사랑"보다 더 (사랑)하는 법

2023년 6월

I

人魚 ; 단 한 번의 입맞춤 해사   13

끝 키스 밤슬   14

손등의 흔적 민윤지   16

톰보우 키스 정민희   18

아낌없이 샘솟았던 마음에 대하여 온전희   20

미지의 세계 오일영   22

Collison 김새운   24

Early Rainy Spell 김률   26

키싱구라미 민명태   28

시나리오 전지나   30

hide-and-kiss 나리빛   32

현미경 김진경   34

너의 땡땡을 회고하며 자베르   36

노 키딩 김태우   39

길티 키스 이현정   40

나의 아가페에게 이서록   42

독백 지기원   44

레몬 사탕 현   45

II

개기일식 한수연	49
그림자 키스 이예란	50
단내 알아차리기 장윤정	52
댄-스 기봄빛	54
맞닿음 사사로운	56
에코 진지혜	58
침묵에도 사랑은 읽히고 윤보휘	59
임대 김명선	60
Hid 난바다	62
여름夏의 입김口氣 도	64
무의미를 향하여 누지	66
XOXO 유경지	67
빛과 폐허의 말들 권서안	68
키스 성유진	71
침묵 이강민	72
딸기 맛 여름 신재우	74
○○의 모양으로 정희정	76
우리의 이음새는 입술 모양일 겁니다 권나영	78

우리 함께 춤을 추자 이승주	80
장미 공원으로 와요 신혜수	82
노동당사 강예린	85
해변가의 고백 박현태	86
정의 김예은	88
키스 김건우	89
골목길 이상호	90
M.O.S 유연	92
서로를 위로한다는 것에 대하여 문진식	94
하이라이트 배지예	96
영원의 냉동고 모아미	98
	100

○ 작가명은 작품 첫 장의 쪽 번호 옆에 표기하였습니다.

I

人魚 ; 단 한 번의 입맞춤

나의 열여섯 번째 생일은 당신을 중심으로 무모했다
찰나이지만 내 심장에 가득 담가진 당신을,
뭍에 눕히고는
당신은 죽어가고 있는지도 모르고

그런데,
사랑은 원래 갑자기 커졌다가
한순간에 사라지는 일이야?
생에 처음으로 맛본 사랑이 이다지도 써

숨으로 간절한 사랑을 그려 넣고
그다음은 어떻게 하지?

내가 한평생을 바다에서 살아온 물고기라고 말하면
당신은 나를 앙상한 생선 가시 보듯 볼 텐가

시나리오를 돌리지 않았어도 될 일이었지
그렇게 나는 터전의 거품으로

끝 키스

있잖아
첫 키스는 누가 저릿한 레몬 사탕 맛이라던데
레몬 맛은 커녕 매일 이 닦을 때 쓰는 덴데스테 치약 거품 맛이 났어

처음 손잡았던 날을 적어둔 달력도
몇 년이 지나 먼지들이 살림을 차려 앉고
서로의 손바닥끼리 마주 볼 일이 드물어졌을 때

우리는 마지막 키스는
숨죽여 울었던 새벽과 같이 간간한 맛이 났어

볼을 타고 내려와 입 주변에 고인 물이
혓바닥 아래까지 흘러들어오는데,
네 눈물인지 내 눈물인지 아리송할 만큼
우리가 얼마나 많이 울었던 건지

아무튼 그랬어

끝 키스의 맛은
바닷물 맛이라는 걸

그 누구도 알려주지 않았어

손등의 흔적

분홍 돌고래는 밤을 입으며 생각한다
아무래도 구멍이 난 것 같아
별들로 밤하늘을 기워야겠다고 잊기 전에 분명
어둠을 빌려 지느러미의 상처를 치료했던가
색이 묽은 지점이 눈에 띄는 것은 그 탓인가

아침이 오기 전에 마음을 삼킨다
희뿌연 심장을 품은 채 후진하는 여명의 궤적
숨이 닿았던 자리를 기억하며 모래에 당신을 묻고
한참 먼 슬픔으로 헤엄하며 메아리를 잃는다

  멀미로 눈앞이 흐려진 채 난간을 붙들었다 바다가 가쁘게 일렁이는 만큼 남은 여름도 길지 않았는지
  끊어진 밤과 나를 이어 아침까지 데려가 줘 실타래가 남지 않았다면 그림자로 빛을 엮어 멈춤의 흔적을 메워 줘
  입술과 입술 사이 물들어가는 외로움은 사람과 달의 위치를 바꾸었다

  의무실의 구조요원은 손을 잡아 보더니 이상하지 않느냐 중얼거린다 나는 이유를 알 수 없어 반문하고

여기가 사람 피부 같지 않은데요 과하게 매끈한데요 당신은 모르겠나요 구조요원은 그렇게 달하며 그물로 짠 장갑을 던져 준다
 육지와의 거리를 잊어서는 안 될 텐데

 발갛게 익은 손등이 그물 사이로 비친다
 표류하는 자의 마음은 뱃고동 아래 정박해 그리움을 멈추고
 분홍 돌고래는 어디로 갔을까 마음이 물렁해졌어요
 뒤섞이던 물과 모래의 찰나로부터

 비늘은 바늘이었던가
 해풍 아래서 깃발을 밟았다 슬피 우는 바다는 그곳에
 돌고래는 없었고
 밤잠 설친 분홍만 남아 부유한다

톰보우 키스

모든 붓질은 두 입을 맞대게 휘둘러

붓질 대신 공업용 연필로 입술을 그렸다
탐욕스러운 눈이 마주치면 그리듯이, 천천히 입술이 가 닿았다

클림트의 키스를 생각했다
가만히 무릎을 꿇고 있었던 건 나였을 것이고
꼿꼿이 고개만 숙인 건 너였을 테다

욕망의 키스는 조심스럽지

순간의 기류

허공이 금박지였던 건 나만의 환영이었을지도
쉼표가 아닌 온점을 찍을 것을 너는 예상했을지도
어쩌면 우리의 사방이 물음표였을지도

사랑을 그렸던 톰보우 연필은 쓰임새를 잃자 가는 이 없이 홀로 닳았다

닳은 둥근 심을
가는 이가 보다 못해 갈고 갈고 갈고
또 뾰족하게 갈아냈다

클림트는 잘못이 없다
붓질과 연필도 잘못이 없다
입술만 잘못이 있었다

그리고
날 선 흑심은 쉽게 부서졌다

아낌없이 샘솟았던 마음에 대하여

네가 내게 기울어질 때
난 너의 무게중심이 되고
난 너의 영원한 버팀목이 되고 싶어지고

네가 내게 닿으면
나는 붉어진다
아마 체온이 1도쯤 오를듯해

너는 아무렇지 않게 내 머리를 만지고
아무렇지 않게 너의 팔을 내 어깨에 툭
아, 나는 이따금 숨이 멎어서
기억이 안 나

너는 천진난만한 미소를 띠고
나는 눈을 피하지 않으려 손에 힘을 꽉
아, 한 번 더 피하면
내 맘 너에게 들킬지도 모르지

너의 손이 유난히 내게 달콤했던 건
너를 향한 내 무조건적 애착 때문이었을까

아니다 너는 나 몰래
온몸에 꿀을 칠했던 거야
아니면 어떻게 난 너의 모든 것을
사랑했느냐고

내게 마음 빼고 다 주었던 너에게
나도 마음 빼고 다 주었었다고 우기면
믿어주려나

미지의 세계

 넌 내 전부를 알고 있대 나는 단 한 번도 나를 다 안다며 자신한 적 전무했기에 궁금해 내가 모르는 걸 네가 어떻게 알아? 그렇게 물었다 그럼 넌 가만히 내 눈을 보고 있자면 그저 알 수 있대

 언젠가 한 번의 입맞춤만으로도 네 전부를 알 수 있으면 좋겠다 생각했어 근데 네 전부를 알게 되면 무어가 달라지는 걸까 우리의 관계 믿음 신뢰 이 중 하나가 더 맞물리기라도 혹은 더 어긋나기라도 하는 건가?

 모르겠어 난 그냥 미지의 세계에 정처 없이 떠다녀 너와 나 그 틈에서 모르는 것투성이라 그냥 네가 내게 모두 알려줬으면 싶어

 두 눈을 맞추며 두 손바닥을 마주 잡아 두 품 사이 틈나지 않게 껴안으니 자연스레 두 입술이 맞닿아
 그래도 나는 네가 도대체 무얼 말하는 건지 실감하지 못해

 나는 모르고 너는 알아 그러니까
 너는 아는데 나는 몰라

사람은 사랑은
참 간사해

마지막으로 네 뺨에 입술 한 번 뭉그적 맞대고 멀어질 준비를 해

Collision

누군가 내게 사랑이 무언지 물었을 때
나는 기꺼운 충돌이라고 대답했다

입술로 만들어 내는 말들보다 강렬했던 것은
너의 시선에서 나의 시선으로 나의 손에서 너의 손으로
너의 품에서 나의 품으로 나의 입술에서 너의 입술로
너의 이마에서 나의 이마로 나의 결에서 너의 결으로
마음껏 달려가 부딪혔던 것

입으로 설명하기에 염치없는 것들이 많아서
우리는 기꺼이 키스와 포옹을 택했어
마치 같은 유리잔 안에 꽂힌 빨대 두 개처럼

세상 그 누구도 들을 수 없었지만
우리 귀를 막아버리기엔 차고 넘치게 커다랬던 굉음
그 순간 둥글게 타올랐던 글리터가 내렸고
오래도록 마음의 물가에서 가라앉을 줄 몰라서
밤이고 낮이고 물비늘이 되어 나를 홀리곤 했지

너의 글리터가 나의 글리터와 완전히 같지 않았단 걸
어렴풋이 알게 된 고요한 이별의 밤에도
사랑이었음을 의심하지 않도록 곁을 지킨 나의 물비늘

너의 손금을 닮고 너의 눈빛을 담고 너의 온도를 닮은
충돌의 잔해는 잔인하게 눈이 부시고
글자는 해낼 수 없는 일들을 영원히 해내고야 만다

Early Rainy Spell

여름에,
구름의 움직임에 버릇처럼 무뎌진 나는
덥고 끈적거리는 감촉으로 당신 곁을 지켰습니다

파랑을 좋아하시나요
칠월이 되니 새벽에도 후텁지근하더군요
저는 그 좁고 고요한 방에 주저앉아
해가 뜬지도 모르고 눈을 감은 이의 입 끝을 매만지다가

거무죽죽한 구름이 머무는 찰나에
포개지던 것들을 생각합니다
비가 많이 오던 여름이었을 것입니다

꾀죄죄한 팔을 베개로 내어주고 누워
한참이나 담배를 태우다
불을 올려둔 냄비에 한가득 넣은 물이 끓으면
우리는 그 물을 식혀가며 마시고

귀를 매만지자면 귀를 뚫었으면 좋겠다는 뜻으로,
머리를 쓰다듬으면 당신의 검은 머리를 상상하는 식으로,

파도로 가득 찬 당신의 팔을 어루만지며 바다를 보다가
다시,
입꼬리를 깨무는 식으로

그르게 물은 좀 사서 마실 것을
펄펄 끓은 것이 식어가는 동안 밖이 이리도 어두워질지 모르고

때 이른 비가 오고 나서야 문을 열었습니다
당신은 비가 쏟아지는 바다로 갈 셈이겠지요
바다는 파랗고 비가 오면 조금은 날이 식을 테니까

그러나 저는 몇 발자국 나서지 못한 채
길 한복판에서 삼킨 것을 모두 토해냈습니다

여름에,
이 이른 여름에 말입니다

키싱구라미

나는 잘 모른다
물고기 같은 것

어항 속 두 마리의 물고기가
서로의 주둥이를 맞댄다

그 모습이 퍽 인상적이라
관상어로 인기가 많댄다

나는 잘 모르겠다
인기 같은 것

입과 입이 맞부딪히는
서로의 세균을 교환하는
너의 질병이 나의 질병이 되고
내 생각이 네 생각에 옮는

서로의 주둥이를 맞댔던
어항 속 시간

나눈건 대화일까
세균성 공상일까

방치된 어항 속은
녹조로 뿌옇고 희미하다

이제 너 대신 물고기의 이름은 아는데
나는 여전히 잘 모르겠다

시나리오

평범한 일상을 살다가 떠오른
짧고 극적인 너와의 키스 플래시컷
점점 다가오네 너의 입술 클로즈업
그때를 회상하는 나 플래시백
차창에 덮여가는 너 오버랩

종소리 효과음이 나 행복한 내레이션
로맨스 영화라면 절정일 거야
많아진 우리의 씬넘버들 기타의 선율을 넣고
반전이 없길 난 바랄 거야

여기서 컷

행복은 순식간에 점프
따로따로 찍은 너희들은
어느새 다정히 붙어있네 몽타주
잊으려고 했지만 마음에 삽입되는 너
전화 너머로 들리는 네 목소리

종소리 효과음이 나 우울한 내레이션

로맨스 영화라면 결말일 거야
버려진 우리의 씬넘버들 피아노 선율을 넣고
반전이 생기길 바랄 거야

종소리 효과음이 나 사실적 내레이션
드라마 영화라면 절정일 거야
많아진 나의 씬넘버들 기타의 선율을 넣고
어떤 반전을 기대할 거야

hide-and-kiss

사랑이 어디 있어?*
너는 뱉었다는데 나에겐 닿지 않았어

너의 사랑은 그곳에서 오는구나
말초에 팔린 집사를 따돌리고 찾아볼게
지금부터는 숨바꼭질이야

무딘 창문과 예민한 붉은 카펫
절박한 찾는 이와 나태한 잠복소
빈손이 두려워 낙서는 동그랗게 돌고

샹들리에의 닫힌 그림자
술래는 모르게
낙하한 아이들의 놀이는
규칙을 벗어난 저 너머의 방에서

물구나무를 서고도
떨어지지 못하고 고꾸라지는 순간
카펫에 낀 먼지를 핥으면서
어둠은 뻔하다고 중얼거려

사랑이 어디 있어?
너는 머금고 있다는데 혀끝은 쓸 뿐이었어

*영화 〈Closer(2005)〉 中

현미경

현미경의 반짝이는 눈에 눈을 담을 때
단 한 사람만을 위한 해상도
하나밖에 없는 초점을 찾는 법

손에 손을 포개고 입에 입을 맞추고 마음에 마음을 담으면 동그란 방 안에서 네가 모르는 너를 볼 수 있었어
　너는 비눗방울의 곡선을 타고 내가 사랑하는 것들을 사랑하며
　책상 위 푸른 새벽이 되어 풍선 속을 빈틈없이 가득 채우고
　때로는 포도송이 같은 눈물 안에 갇혀 있는 너, 잔잔한 검은 눈동자가 방에 고이기도 하고 수면 아래 웅크려 있는 널 건져내려고 방 한가운데 첨벙 뛰어들 때면 네가 나인 것처럼 생생하기도 했는데

　그러나 감각이 기억하는 길은 기록되지 않고
　어느새 평면에 수렴해버린 세계, 현미경 렌즈만큼의 크기로

잃어버릴 줄 몰랐지,
아무리 눈을 씻고 봐도 아무것도 읽을 수 없던 눈

백색의 노이즈들을 헤치고 예전처럼 너를 찾을 수 있다고 끝까지 믿었던, 어느 여름날

너의 땡땡을 회고하며

땡땡
입술
사랑
도망
기척
작지만 곧은 어깨
새벽에 잠에서 깼을 때의 기척
한숨,
여러 곡선들
뒤척이며 고개를 돌리면 내려오는 앞머리
한숨
한숨을 쉬는 너의 입을 달래는 가장 좋은 방법

홀로 창밖의 어둠을 바라보며 너의
까지 쓰다가 사실은 창문 밖의 어둠을 내가 보지 못하고
내가 보는 것은 창문 안에 비친 내 그림자라는 사실을
깨닫는다
밤 열두 시가 지났구나 밤 열두 시로 시작하는 노래는
역시 Love Love Love

다시 한번
너의 사랑을 회고하다가, 그다음 문장으로 너의 까지 쓰고
ㅋ을 쓸지 K를 쓸지 고민한다
같은 소리, 다른 글자, 적을 때는 다르지만 젖을 때는 항상 같았다
우리를 둘러싸고 있는 모든 것들의 불이 나가버리고
입술이 입술만을 목격하는 시간
그 단어는 너무 소리가 울려 퍼진다
지금 네가 없는 나에게 그 소리는 겨울의 샤워기에서 나오는 냉수처럼 처음에는 시리지만 곧 아플 것이라 그 소리가 나는 단어를 자마 옮겨 적지 못한다

다만
너의 입술을 회고하며
라고 적고
창밖의 혹은 창 안의 어둠들을 마주 보다가
이것이 회고가 된 까닭들이 떠올라서 모든 글들을 어지르듯 지우고

눈을 감아야 한다
방 안의 붉은 모든 것들이 입술처럼 보이기 전에

노 키딩

다시 해봐 새집도 얻었겠다 데일 걸 알면서도 천천히 끓는 물에 다가가는 손가락처럼 그럼 그렇다니까 눈까지 감아야 하다니 도저히 입술이 떨어지지 않고 너는 붙박이장을 믿는 방법을 어디서 배워왔는지 심장을 점점 내 쪽으로 기울인다 넘어온다 저러다 넘치면 어떡하지 손에 잡히지도 않을 텐데 그렇게 천장에 매달린 전구는 매롭시키자고 말했는데 장시간 가열 시 폭발 주의 누구 마음대로 그때도 내 말도 안 믿은 너는 여전히 창문을 등지고 있고 얌전히 나를 너의 품에 껴 넣으려 해도 그럼에도 나는 유유히 빠져나가 버리고 기어코 관리비 통지서와 재회한다 이전 집에서부터 밀려온

길티 키스

희부연 연기가 검은 허공에 흩어진다 당신은 검지로 담배를 툭툭 털어낸다 은빛 재떨이 그 위로 떨어지는 검은 재 속이 빈 두 눈동자는 정처가 없다

검지를 들어 담뱃재를 찍어 누른다 허공에서 얽히는 네 개의 눈동자, 욱신거린다 살갗에 들러붙은 아릿한 재를 혀끝에 올리고 기꺼이 목구멍 뒤로 삼킨다

당신의 눈 속으로 걸어 들어간다 차오르는 물이 찰박인다 손톱 같은 달이 뜬 당신의 뒤편에서 우리는 다시 눈을 맞춘다 그 죄스러운 눈망울을 보다

네 속에 살고 싶어

당신은 내게 입술을 포개어왔다 아릿한 달이 둥글게 부풀고 당신은 우리에 대해 생각한다 그 눈망울이 잠시 영원처럼 반짝였고 우리의 입맞춤은 충만했다 그럼에도 고아처럼 슬픈 당신의 얼굴에 우리가 없다는 걸 이해한다 나는 다만 당신이 언젠가 펴야 할 담배 없이 거대한 오렌지 빛 태양 아래 가득 채워지기를 바라 사무친다

파랑이 일고 발바닥에 진동이 느껴진다 이제 힘을 빼고 파도에 몸을 누인다 문득 따듯해서 나는 또 게 속에 살고 싶다 파도는 나를 출구로 인도하고 왈칵 뱉어낸다

다시 정처 없이 빈 눈동자를 바라본다 재떨이에 남은 모든 검정들을 씹어 먹으며 소리 없이 기도한다 당신 부디 허기 지지 않기를 그 무엇도 당신을 채워줄 수 없을 것 같은 날, 아사가 아닌 길티 키스를 택하기를

나의 아가페에게

그립다 내내 잊히질 않는 것들이
닮아가진 못하고 닳아지기만 해서

입술을 맞대고 작자 미상의 구문을 나눠 씹던 습관
낮은 천장 아래 적막한 시인이 되던 밤
짧은 발돋움 숨을 헐떡이던 서툰 키스
설익은 자몽 향 진득하던 살갗
문진 대신 입술로 눌러 적던 편지를 사랑이라 읽을 적에

슬슬 뭉툭해진다 무감해지고
나는 모서리 없는 자음과 모음
또는 다 기울어 가는 그믐

늦은 밤 찾아오는 찬란한 고요의 정점을 딛고
애틋한 묶음 혹은 묵상 뭐 그런 것들을 생각하며
미어지고 또 미워지고
까칠한 입술로 발음하는 단어가
미묘하게 달라지고

키스할 때 혀를 씹는 버릇은 여전한지
짧아진 발음으로 속닥이는 사랑은 누굴 향하는지
빨갛게 부은 입술에는 아직도 다정이 묻어나는지

우표 대신 간지러운 입맞춤을 동봉합니다
XXX,
키스를 담아, _____

독백

사탕 하나를 입에 넣으면 가상 현실을 느끼곤 해

엄지손톱만 한 알맹이는 땀 흘리는 포도 낙엽 지는 사과 방구석 맥주 사무실 커피를 형체도 없이 담고서 혀끝에서부터 환각을 심어주지 혀는 언제나 둔해서 그 덩어리가 표현하는 것만 순순히 받아들여 사탕발림 당하고 그것을 배워 똑같이 사탕발림하지 세 치 혀가 세상을 모르는 것은 세 치밖에 되지 않아서인지 너와 함께 세상을 더 알고 싶어질 때면 서로의 혀를 맞대어 더 길게 세상을 바라보려 노력하지만 여섯 치의 길이 안에서는 그 환각이 늘어난 길이만큼 배가 되지 가끔은 그 순간이 전부이기를 바라곤 해

네가 없는 지금은 다시 사탕 하나를 입에 넣고 살아볼까 해

레몬 사탕

생각해 보니 너는 그랬다
내가 사랑을 속삭일 때면
그때마다 너는 웃으며 입을 맞춰왔다

나는
그게

너의 사랑인 줄 알았다

사랑한다는 흔한 단어보다
입을 맞추며 사랑을 보여주는 줄 알았다

째깍째깍 시계 소리와
창문 너머로 작게 들리는 도시의 소음이
네가 말해주는 사랑의 목소리라 믿었다

생각해 보면, 그래
너는 단 한 번도 내게 사랑을 말하지 않았다
너와의 사랑이라고 믿었던 것들은 사실

축축한 방의 공기와 담배, 그리고 레몬 사탕 맛 입술

II

개기일식

너는
잔잔하게 허밍 하다가
숨을 한껏 빌려 간다

누구의 숨인지 모르도록
숨고 숨기고 숨겨지고
두 개의 허파가 포개지는
기이한 일

엎어진 내 입술이
그 위에 덮어진 네 입술을
딛고 차츰 멀어지면

우리는 옅게 웃었다
입을 벌려 발음하지 않고

울리는 조용한
굉음

그림자 키스

모기에 물린 것 같습니다
긁어도 긁어도 간지럽고
약을 발라도 시원치 않습니다
목이 마른 것 같은데
물을 마셔도 갈증이 멈추지 않습니다
더워서 잔디에 드러누웠습니다
비추는 햇빛을 손으로 가려도
눈가만 겨우 가릴 수 있는 그늘이 생깁니다
멈추지 않고 달려 나가는 마음
엇박과 정박을 오가는 리듬
전속력으로 멀리뛰기

당신은 알러지처럼 찾아와요
마주치는 눈동자는 연갈색
홍채의 무늬를 외우고 싶습니다
흰색 반팔 아래로 드러나는
팔꿈치를 만져보고 싶습니다
어깨는 어느새 부딪히고
그 순간
당신은 내 생각을 모두 읽습니다

나는 입술을 깨뭅니다
간지럽고 목이 마릅니다
당신은 내 머리에 앉은 꽃잎을 떼어냅니다

나를 보고 그렇게 웃지 마세요
해는 은근슬쩍 지고 있었기 때문에
그림자는 겹쳐집니다

단내 알아차리기

 안으로 굽던 팔은 유모차가 되고 아기 자전거가 놓여 있게 될 때
 옆집 이모 팔도 안으로 굽어요 이 동네에는 사랑스러운 것들이 많아

 예를 들면 장사 끝난 꽃집, 대놓고 가져가라고 내놓은 꽃들도
 이웃들은 건들지 않아 하긴 꽃은 훔치는 마음조차 이쁘잖아요
 꽃을 훔쳐서 어디다 쓸까요 마음 말고는

 자동차 보닛 위에 잠자던 고양이 건방진 표정으로 뱃살을 접어
 밤 산책하는 사람들은 한 번 웃고 갈 길을 가고 나는 어느 날 밤
 종로의 한 입시생이 생각나요

 그대 오늘 하루 종일 공부하고 편의점에서 늦은 저녁을 사고

평소와 같이 간단한 인사말로 빛을 나서다 깨달아요 아 오늘
처음으로 말했네 왠지 단내가 나더라 우리는 머릿속으로
너무 많은 말을 하고 있는 건지도 몰라

단내는 속에서 폭발하고 이미 넘쳐흐르고 있기도 하고
가끔 염전 파도 속 물살이가 힘차게 튀어 오르는 이유

미국엔 옛날 부두 자리를 철거하지 않고 남겨둔 곳이 있어
갈매기들이 비행하다 앉아서 쉬는 걸 봐서 그렇다고
여기나 거기나 입술이 떠다니나 봐, 지나갈 때마다 맞닿는 기분
지구가 자전하는 건 참 다행스러운 일이야 그렇지

곧게 물드는 남천 나무가 말을 걸어온다

댄-스

바다를 가득 채운 수증기로
허밍을 하다
풍덩

사슬에 묶인 채 이끌려 가다
나도 모르게 춤을 추네
탱고

모래 위 우리의 양발을
파도가 덮치면
파티의 서막이 열리네

입장과 함께 손을
맞잡고
춤을

발 닿는 모든 곳이 붉게 물들어요

손 대기도 전에 화끈거리는
감싸 식히려다 되레 불타버리는

검붉은 그림자가 우릴 감싸 안네

달콤한 음률에 몸을 맡기고
수줍게 그려나가는 둘만의 댄스파티

맞닿음

너의 작은 볼에
가만히 나의 볼을 대어 본다

너와 내가 하나이던
그때부터 지금까지,

너의 온 세상인 나와
나의 온 세상인 너

하루하루 진해지는
너의 몸짓, 너의 눈짓

서로만 알아볼 수 있는
우리만의 눈빛과 우리만의 맞닿음

너의 세상이 조금씩 넓어지는 만큼
우리만의 맞닿음은 줄어갈 테지

그 순간이 기다려지면서도
기다려지지 않는 요상한 마음

그게 아쉬워

너의 작은 볼에
다시 나의 볼을 가만히 대어 본다

에코

서툰 구절이 보이거든 기억을 해두었다가
시간을 두고 다시 읽어나가는 게 좋겠어
의미가 우리를 찾아올 때 서두른 적 있던가요
아는 글자 머뭇해도 한숨은 말고
당신 손마디로 바로잡아 준다면
나 기울지 않고도 잘 알겠어 한참을 웃겠지요
난해한 주석도 마음을 놓고 다정해질걸
내리긋던 끝말이 제 몸 붉힌 채 마르지 않을 날엔
밤이 늦었다 둘러대어 보고
당신 이름으로 전부를 바꾸어 말해도 보고
보이지 않으면 들을 수 있다니까 나 온종일 따라 부르게

침묵에도 사랑은 읽히고

너는 나의 눈빛을 삼키고 숨결을 맞추고 나는 너의 숨결을 삼키고 눈빛을 맞추고 나는 너의 눈동자에 살고 너는 나의 숨결에 살고 파고들고 깊게 뿌리내려 서로의 입술을 내건 씨앗을 틔울 때 이름 모를 별에서도 반짝임이 일고 우리들 밤의 꿈결을 먹고 자란 꽃이 필 때 쓰여지는 무언의 약속

끌어안은 등 뒤에서도 너의 낯빛이 읽히고 쓰다듬은 너의 뺨 너의 입꼬리에는 우리의 희망이 걸리네 새벽 내내 뒤척이는 소리조차도 낭만의 서곡이 되던 날들 영원 없는 곳에서 감히 영원을 노래하며 맞잡는 손 얽히는 손가락 매끄럽던 네 손톱 우리를 감싸던 공간의 여백까지도 애틋한 채

이 모든 건 침묵의 세계로 물들고 나는 더 이상의 두려움 없이 얼어붙은 손끝으로도 너의 사랑을 읽어낸다 무엇이 덮쳐 온대도 우리는 서로를 다 헤아릴 수 있을 거야 어쩌면 더 깊이 오래도록,

마치 이 정적을 기다려 온 듯이

임대

타인의 공간을 점유하는 일
타인의 시간을 사는 일
타인의 손가락을 매듭짓는 일
타인의 눈동자 위에서 부유하는 일

나의 공간을 개방하는 일
나의 시간을 공유하는 일
나의 손가락을 풀어내는 일
나의 눈동자를 대여하는 일

 누군가와 함께한다는 것은 공유하는 것 시간과 공간 그리고 품과 손길 함께 한다는 것은 누군가의 감정을 향유하는 일 일렁이는 감정 속에서 부유하는 것은 또 다른 모험 그 감정 속에서 또 다른 나를 찾아내는 것 내가 생각하지 못한 내가 외면한 나를 발견하는 모험 출렁거리는 감정 위를 부유할 때 밧줄처럼 얽히는 손가락은 단단한 매듭이 지어지고 덜그럭덜그럭 엇나간 톱니바퀴같이 맞지 않았던 두 개의 시계는 똑같은 숫자를 향해 바늘이 맞춰진다 시곗바늘이 겹쳐지는 시간 모험의 종착지에 도착하면 떨리는 눈동자는 정확한 포커스를 맞춰 셔터를 누른다 다양한

표정의 피사체 그건 진정한 모습의 나 그걸 발견할 수 있는 건 심장을 임대한 이방인

Hid

새벽 3시
부단히 뒤척이는
이불 소리

끝내
다 피지 못 했다던
수련 한 송이
서로의
목을 옭아매고

자작자작 타오르던
재가 흩날리는 밤

아스라히 스며오는 달빛
붉게 물든 목 언저리

알고 있어

지금은
숨을 삼켜야 하는 순간

우리는 오래오래
소거하는 마음을 가졌고

그러나
네가
날 구하러 와주길

움츠리다가

조각나버린 이부자리
얽힌 소리를 풀어내다

서로의 뿌리를 살라 먹는다

너
날 베어내려
사랑했지?

이제와
뛰어내리지 못할 것도 없지만

여름夏의 입김口気

한 치 앞도 보이지 않는 검정을 항해하다 보면
자주 숨 쉬는 법을 잊어버린다

장마가 시작되는 날
그 투명한 것에 네가 지극히 묻어나와

눈앞이 파랗게 물들어
길거리가 온통 바닷속이다

속삭이는 네 목소리마저 블루야

그건 색이나 온도 따위로 정의할 수 없을 만큼
참으로 황홀했는데
가장 먼저 녹아 버린 것이네

당도 높은 너를 입안 가득 담고는
다음 계절을 맞이할 수 있을까

여전히, 장마가 시작되는 날이면
하루 한 번 타들어 가는 속으로

우리의 뻔한 영원에 나는
조용히 입을 맞춘 채
차디찬 물결을 불어넣는다

무의미를 향하여

 수상에 입을 맞춘다. 조용히 퍼지는 파동은 점점 잦아들고 미미한 진동의 흔적만이 가 닿는다. 입맞춤의 모든 의미를 잃고 단지 그 부딪힘으로. 당신은 유형의 닿을 수 있는 존재다. 입술에 남은 하나의 물방울로 목을 축인다. 이것은 고이 아껴둔 순간. 간질거리는 하나의 진동으로 충분하니 당신은 마음껏 나아간다. 간간히 물길을 보내어 안부를 묻고. 침묵의 언어를 보낸다. 더 이상은 아무것도 부딪히지 못할 때까지.

XOXO*

심야. 바싹 마른 방.
주머니 속 축축한 달과 젊음의 간격.
달싹. 혀로 편지를 써 내린다.

나의 이름을 혀로 쓰는 법.
틀린 음계를 송곳니로 정정하는 일.
샵과 플랫 사이의 여섯 걸음의 간격.

XOXO 나의 이름과 (2)
OXOX 벽면을 가득 채운 (1)
XOXO 우리의 연주 (3)
OXOX 입술과 입술 사이로 오가는 서로의 이름 (5)
XOXO 물기 머금은 달이 흘러내릴 때 (4)

우리는 혀로 그림을 그리는 괴짜들.
우윳빛 감정이 춤을 추는 심야.

XOXO, 달링-

* kisses and hugs.

빛과 폐허의 말들

입은 숨이 드는 통로
입은 혼이 나가는 장소
가진 의미가 무겁기 그지없다

삶의 시작이자 종착지인 입, 내 입은 폐허를 담고 있다

내 입속은 잘못 씹은 울혈과
작정하고 물어뜯은 혀의 상처뿐이다

빛도 다정도 없던 그곳

형체로 존재하는 건 해풍에 부식된 성 하나

폐허를 감추려 문 입술 안은 녹물로 가득하다
　성지기는 그것을 변명할 말도, 부식된 성을 떠날 힘도 없다
　단지, 그곳에 도는 전염병이 흘러나오지 않게 입을 걸어 잠글 뿐이다

　그럼에도 다가오던 옅은 눈동자를 기억한다

강요의 말 대신 기다림을 띠던 눈빛과 다정을 흘려보내던 이마

그 눈빛은 기어이 폐허의 열쇠를 얻는다
눈물로 떨어지던 부식된 성벽
파도를 타고 흐르던 병든 자신

숨을 뱉으면 영혼이 나간다
영혼을 받으면 숨이 된다
결국 살아온 삶을 주고받는 것이다
입맞춤은 그런 것이다

살아온 시간보다 짧은 접촉
나는 너를 듣고
너는, 나를 이해해

흘러 들어간 폐허의 잔재 속,
병든 우리가 남을 거라던 체념
그러나 무너진 성의 중심엔 빛과 설탕으로 이룬 네가 서 있다

도망과 숨김 뒤에 폐허가
닿음과 진실 뒤에 다정이 있으리

이 행위는 천 마디 말보다 가치 있으며 치열한 언어였으
리라

이해받은 울혈의 피가 멎는다
피 맛이 나지 않는 입속은 처음이다

키스

입과 입이 맞닿으면서 서로의 언어가 섞인다 그렇게 말과 말이 묶인다는 것 그걸 이제 약속이라고 해 너는 약속하는 일을 좋아한다

말로는 대신할 수 없을 때가 있어 너는 약속한다
입과 입에서 전해지는 것들이 말만은 아니야 나약한 언어 따위가 아니야 말로 치부할 수 없는 관계가 있어 하면서

나는 약속을 약속한다

내뱉은 말들이 돌아온다고 생각하면 한마디도 뱉을 수 없어서 그렇게 침을 뱉고 돌아다니는 거니 넘어질 때면 시야에 드리우던 그림자가 실은 너였니 약속을 꼭 지켜야 한다는 약속은 하지 않아서 우린 맞닿을 때마다 잊어버렸다

우리가 약속한 건 침묵이야
입과 입이 맞닿는다는 건 서로의 침묵을 감당해야 하는 일 그러다 걸핏하면 걸려 넘어지는 일

침묵

침묵하는 마음을 압니다.
나를 두려움에 떨게 만들었던 그 침묵을
당신이 그리도 부지런히 삼켜내던 그 침묵을
내가 퇴고합니다.

우리의 침묵이 온전해지던 순간의 주체 없이 떨리던 나의 입술을 당신은 아실까요.
거리를 잴 수 없던 공간이 비로소 우리에게 형성되던 때 당신으로 하여금 나의 세상을 이루던 모든 구조물들에는 커다란 균열이 일었습니다.

당신은 한순간 내 모든 언어를 세상으로부터 아주아주 먼 곳으로, 어떤 시인들의 언어들보다 더욱이 세상으로부터 먼 곳으로 멀어지게 만들고요.
하등 쓸모없던 문장들의 존재 이유를 무엇보다 명철한 낱말들의 의미에 앞세워 위치하게 한 뒤 비길 데 없을 만큼 가장 문학스러운 언어들로 서서히 수렴하게끔 만들었습니다.

마음이 그러하듯 목소리도 다르지 않겠지요.
작게 내려 할수록 잘 주체가 되질 않습니다.
허나 구태여 그럴듯한 구색을 갖추진 않겠어요.
그토록 자명했던 당신 침묵의 출처를 이제야 조금 알 것 같습니다.

제아무리 이 고요가 좋을지라도 해야 할 말은 해야겠지요. 너무 기다란 침묵은 더 이상 마음이 아닌 내 나약한 아집일지 모르겠어요.
떨리는 입술을 열고 요동치는 심장보다 더 깊숙한 곳에서부터 여직 아둔히 주저하는 문장을 이제는 꺼내보아도 되겠습니까.

나는 당신을 좋아했다고 말하겠습니다.

딸기 맛 여름

원아, 나는 아직도 그날 여름밤을 떠올리곤 해
딸기 맛 사탕을 하나씩 나눠 먹으며
유난히 맑은 서로의 눈을 바라보았지

봄이 싫다는 나에게 이제 곧 여름이라며,
기나긴 여름밤을 같이 보내자고 얘기해주던
너의 눈에 담淡이라는 오너먼트 언어를 새기고 싶었어

나를 뚫어져라 바라보던 그 눈빛과 함께 씨익 올라가는 입술
그 눈꼬리와 입꼬리에 걸린 애정이
바닥에 내려올 줄을 모르고 늘 네 얼굴에 피어있어
너는 내가 가장 아끼는 만년설 딸기야

말하지 않아도 입가에 다정이 묻어있는 너와 입을 맞추면
무더웠던 여름날의 공기보다 뜨거운 딸기를 먹는 것만 같아

입안에서 딸기를 굴리고
마음속으로는 네 이름을 여러 번 외쳤어
너를 사랑하는 내 마음이 너무나도 벅차서 말이야

불러도 불러도 부르고 싶은 나의 원아
지금 내가 느끼는 감정을 사랑이라 명명해도 될까?
초여름에 하는 사랑이 이렇게 낭만적이라니
우리의 사랑을 달빛에 비춰보자

원아, 나는 아직도 그날 여름밤을 떠올리곤 해
내가 먹은 여름은 달콤한 딸기 맛이었어

○○의 모양으로

맞춰 걷자
같은 리듬으로
응 바로 이 기분으로

신기하지 않니
코가 축축한 털동물도
이제 막 달걀을 배운 이도 알 수 있다는 게
할 수 있다는 게
깨물 수 있다는 게

그러니까
가장 연한 목을 끌어안아도
해치지 않을 거라는
여기 가만히
쥐여 줄 거라는
데워진 확신은 조약돌을 닮았다

믿으면 가르칠 수 있어
진짜라니까
죽은 말도 죽을 말도

털 수 없는 것들만 이 사이에 끼어
까치발로 기대 우리는 투정을 부렸지
꼭 틈새로 엉겨
붙어
꼭

넘쳐야 알아 무릎까지

분해도 어쩔 수 없어

나는 아주 오래 문을 열어 달라고 전화할 사람이 없어서
조르지 않아도 두 번씩 입술을 찍는 너를 사랑했다 사
랑한다
흐르는 것처럼

기다리던 노래가 나와

응
천천히 씹어

우리의 이음새는 입술 모양일 겁니다

시울이라는 단어는 흥미롭습니다.
입술의 어원은 입시울이라는 점에서 더욱 그러하지요.

시울이라 하면 테두리라는 뜻으로
눈시울이라는 말이 쓰이듯이 입시울이라 하였는데,
고작 테두리를 이루는 부분에 나는
왜 이리 깊게 의미를 부여하게 됩니까.

그 가장자리 위아래로 올라붙은 살을 보면
나는 조금 다른 생각을 하게 됩니다.

그처럼 가장 잘 뜯어지는 피부가 없더란 말입니다.
그리 얇으니 그 아래 모세혈관도 비친다는 사실이
직접적으로 이해되는 순간은 놀랍고
따라서 찢어지고 벗겨진 그 표피 위에
당신의 입술을 얹는다는 건
행동 이상의 의미로 해석되기도 합니다.

세상 만물을 담기에는 내 입술은 너무 비좁았고
생은 너무 버거웠던 탓에 사랑은 메말라갑니다.

사랑을 내뱉기에는 세상이 지독히 삭막한 탓이죠.

그렇기에 증발해버릴까 삼켜버린 말을 꺼내고 싶을 때
몰래
다가가
비밀을
조심스레
입가에
속삭일 것.

저기, 사랑하고 있어요.

담담한 고백 후에
내 것처럼 몇천 번은 찢어지며 다시 생겨났을
당신의 입술이 또다시 몇 번이고
그렇게 나를 덮어올 것 같다는 것.

우리 함께 춤을 추자

창문을 열어 여름 냄새를 맡고
이불 빨래를 하자

비바두비의 커피를 틀어놓고
에스프레소 샷을 내리자

소파 위에서
발가락을 꼼지락대며
영원한 건 없다며
사랑을 속삭이자

LP판을 모조리 부숴버리자
피 흘리는 발가락으로
춤을 추자

짧은 입맞춤과
담배를 나눠 피자

갈치속젓 파스타를 만들다가
데인 손으로도

마음껏 사랑을 그릴 수 있어

기타를 치며
햇빛을 노래하자

우리 대충하는 사랑을 하자

장미 공원으로 와요

오늘 밤에 뭐 해요 중랑천으로 와요 여름이잖아요
어둠이 왔고 장미가 폈고 배가 부른 건 썩 괜찮은 핑계니까요

장미 게이트를 통과했어요 핑크 퍼퓸과 슈퍼스타 길섶에 나란한 냉이꽃은 소인국의 꽃다발
창문에 비친 한강 물처럼 물 위에 도달한 윤슬처럼 별무리 속 아름다운 충격

곱창 끈이 잘 어울려요 투명한 붓꽃 색인 것이 이곳과 조화로워요 조거 팬츠를 입고 왔네요 잘했어요 우린 산책하러 온 거니까요 살랑살랑 같은 건 잠시 냇물 아래 숨겨두어요

파도가 부드럽게 채색된 티셔츠를 입고

일렁이는 꽃들 사이를 걸었어요 불빛이 내려앉은 천을 바라보다가 유치한 글귀가 걸린 나무 아래 벤치에 앉았죠 그거 알아요? 식물도 사랑과 미움을 구분할 줄 안대요 그런 이야기를 당신께 들려주었어요 잎을 찢었던 사람이 나

타나면 방어 태세를 취한다는 이야기를 미움을 알아본다는 이야기를 스스로 담을 세운다는 초록에 대해

  그런데 가지치기와 혼동하면 어쩌죠? 나는 좋아서, 좋아서 잘해주려던 건데 그것을 악의로 오해하면 어쩌죠

  당신은 나를 빤히 바라보았어요 순간 나는 해석되었죠 쉽게 읽혔나요 눈동자 속에서 어떤 끄덕임을 보았어요 눈꺼풀이 말랑해지고 애굣살이 도톰해지는 거리 엉덩이를 붙여 앉아요 어깨로 수평선을 만들어요 끊기지 않도록 가까이 더 가까이 몸은 하트의 각도로 그리고 숨을 참으면

  정원에 수 놓인 화이트 심포니 귓가에 울려 퍼지는 관현악 웅웅 오케스트라 웅웅 터지는 하모니 웅웅 옳다는 끄덕임

  스테비아 토마토 같아요 달고 붉고 수줍어요 방울방울 피어나요 사랑이 발생해요 나는 당신을 발설하고 우리는 새끼손가락을 걸었죠 토마토를 얼리기로 꽁꽁

기억하나요 주머니 속 동전들이 짤랑짤랑 부딪치던 소리를 여름이 성큼 담을 넘는 두 무릎을

노동당사

별 보러 가자
그렇게 말하면 이제 낮에 떠난다

처음은 운에
다음은 일기 예보에
마지막은 태양에

걸었다

별은 우리의 재료였고
아쉬운 척 입술이라도 대어보자 그런다

처음은 눈에
다음은 입술 끝에
마지막은 발목에

걸렸다

별 보러 가자
그렇게 말하면 이제 입술 닿는다

해변가의 고백

시간의 파도가 몰아치는 해변에서
사랑을 찾고 있었다.

목은 바닷바람에 말라
당신에게 하고 싶은 말을 할 수 없고
귀는 파도 소리에 찢어져
당신이 속삭여 주던 말들을 들을 수 없다.
눈은 파도에 반사된 빛에 감겨
당신의 얼굴조차 희미하게 보이고
발은 뜨거운 모래에 갈라져
당신과 걸었던 길을 잊었다.

파도에 당신이 쓸려가기 전에
당신에게 닿아 사랑을 고해야지.

전하고 싶은 마음 말로 전하면
시간의 파도에 휩쓸려 갈 테니
모든 용기를 모아 입을 맞춰야지.
어느 감정도 버리지 않도록
당신에게 전해야지.

눈이 마주치면, 희미하게 미소를 짓고
우리의 모든 흔적 사라져도
마지막으로 남을 입맞춤을
시간 밖에 단둘이 새겨야지.

정의

우리는 혀뿌리를 지나는 말을 해야 해
조심스레 입 맞출 때면
네 입속에 남은 말들을
내가 대신 삼킬 수 있도록

절망은 대개 어금니 뒤 여린 살에서 비롯되지
기쁨은 자주 혀끝에만 머물고
망설임은 치열을 따라 흐르는데
내 이름은 그 속 어디에 머물까

목매지 않는 사랑을 하고
서로의 이름에만 목 메이자

주저하는 날들 속에도
영원이 저물 때까지
오직 서로에게만 입맞춤이자

키스

하나둘씩 잠이 드는 도시
그 고요한 순간
그 안에 숨어 그대야
나의 두 눈에 제일 먼저 그대를 담아
우리 두 눈 꼭 감고
그대의 말랑한 입술을 뭉개
사랑을 불어넣어
나를 더 세게 끌어안아
두근대는 소리가
고요해서 더 크게 들리는
달아오르는 체온
내 목을 받치고 더 깊어지게

아,
깊어지는 상상을

골목길

우리는 입맞춤의 방식으로 투기합니다
가로등의 시야는 빛의 가시거리를 근거로 더욱 소곤해지고 입술이 맞닿는 일은 인적이 드문 골목처럼 모든 신발의 움직임을 나지막한 소리에도 집중하게 만들었지만

어둠 속에만 존재하는 사랑도 있었습니까

담벼락은 안과 밖보다는 밤의 사유로 존재합니다 우리가 사유事由보다는 사유私有에 집중하기에 다만 그런 건 우리에게 조금도 중요하지 않으니 골목은 서둘러 어질러집니다 두 입술이 복잡하게 얽히는 동안을 우리는 도망치는 심정으로 가벼워집니다

덜 묶인 종량제 봉투처럼 벌어진 입으로는 미처 분리되지 않은 족적이 쏟아집니다 수많은 발자국 속에서 우리는 더욱 희미해지고 원초는 더욱 뚜렷해지고 우리는 필적을 잃고 더욱히 아득해지는 밤의 천정

원래의 우리는 어디 있습니까

반면
여기서 한 모퉁이만 더 돌면 아주 다른 풍경이 펼쳐지지

우리는 항상 이상해지는 입맞춤부터
다다른 헤어짐 사이
그 골목길 어딘가에서 사랑하고 있었습니다

M.O.S
-mute of sound

구태여 사랑이 뭐냐고 정의하자면 나는 할 말이 없지 그래 네 말대로 구태여 정의를 하자
사랑은 우리의 침묵 같은 거야

계약되지 않은 관계 계약만 되지 않은 관계에서 비롯된 막연한 답답함과 신중함 같은 거지 사랑은
하고 싶은 말이 온종일 같이 있고 싶다는 말뿐인데 내가 어떻게 말을 꺼내
그게 우리의 침묵이고 내가 생각하기엔 그래서 우리가 사랑을 하고 있는 거야

텅 빈 옥상 대책 없이 맑은 햇살
우리는 우리 둘뿐인데 서로를 바라보지 못하고
봄바람과 함께 맴도는 침묵
너무 조용해
너도, 나도

나는 사랑한다는 말밖에 할 수 없어서
너를 사랑하고 있다는 수백 가지의 말을 돌려 말할 재주가 없어 무작정 침묵을 했어

내가 생각하는 사랑의 정의는 우리의 침묵이니까
서로의 입술을 포개서 만든 침묵도 사랑이지 않을까
이제 이해가 된다면 너도 한 마디만 뱉어 줘 나를 사랑하고 있다고
그리고 봄바람을 포개어 침묵을 만들자고

서로를 위로한다는 것에 대하여

달을 띄우고
해를 보내기 전에

손을 뻗었지만
아직 여기 있을 뿐

지금 매달리고 있는 건
죽은 목소리뿐인 건가

비일상적인 나날의 작별을 바라는 우리에게

끔찍하고 잔인하며 짧았다고
적어낸 삶에 눈을 맞춘다

미묘하고 오묘한 이 감정을 들여다보며
건네고 싶은 한 마디

잘 돌아왔어

우리 서로가 품은 서로의 향
각기 다른 그 내음이 달콤해질 때

아무 일 없는 척하겠지만
밤이 되면 흘리는 눈물

공허한 위로에 닿은
유영의 감정이
입술에 부딪힐 때

구원을 요청하는 간절한 마음이 담긴 열강과
존재와 감정을 정의 받지 않는 것에 대한 희망이 만나
뒤엉켜 밀려오는 위로의 파도를 만나게 된다

이제는 우리를 사랑해야만 할 것 같다

어떤 시절이 지나고
무언의 계절의 끝자락에 놓인
지금 우리에게 필요한

고요한 포옹과
진심의 열의가 담긴
풋풋한 키스를 전하며

하이라이트

너의 표정이 녹는다 너는 입술을 앓는다
　메뉴를 바꿔 맛보는 연인처럼 너의 침몰을 핥아 주고 싶다 보글거리는 숨소리를 쥐어 보고 싶다 하나의 욕조에 담겨 액체로 변형되고 싶다 우리라는 말 없이도 우리일 수 있게

　입술만으로는 입술의 맛을 알 수 없다 좁은 바다에서 헤엄쳐 맞잡은 손으로부터 달아날 수 없다 너의 틈에 빠져든다 서로의 언어가 섞여든다 나는 너만큼 더러워진다 네가 쏟아진다 나를 동그랗게 접는다 대답이 될 수 있습니다 무너지는 도시를 사랑할 수 있습니다 날개뼈를 깨문다 마음이 등에 사는 너를 위해 그림자를 이고 자는 우리를 위해
　어둠이 우리를 강조한다 너의 선명은 나를 안으며 시작된다 네가 앓던 입술을 마저 앓으며 나는 흔들린다 너의 공백을 온몸으로 채운다

　희색의 타인 속으로
　너의 꿈에 책갈피를 꽂아 넣고 입을 닫는다 선명하지 않은 악몽은 무엇 때문에 두려운 걸까 무엇이 너의 이마에

나를 고이게 하는 걸까 너의 눈물은 언제부터 점으로 자리하게 된 걸까 매일 밤 너는 장면을 재생하고 나는 서툰 연기를 펼친다 혀도 없는 빈 입으로 네가 듣고 싶은 말을 읽는다 우리의 욕조에 숨 쉬고 있는 것은 너뿐 나는 너의 한숨만큼 절박해진다 너를 닮은 단어들을 하나씩 뱉어낸다 입술로 음미한다 무너지는 법도 서로 배워야 하니까 너의 빈 곳에 소속되는 너 눈끝 점으로 웅크린 잠 새벽이 발 디딜 때 흩어지는 별처럼 섬어를 매단 너의 입술

 혀끝에 상이 맺히려는 찰나
 네가 웃기 전
 눈을 감는다

영원의 냉동고

삐뚤어진 베개를 제대로 누이고
빨지 않은 채 장롱에 던져 놓은 반팔을 그 아래 뉘여
그렇게 너에게 침대 한편을 내어주고는

추할수록 진심으로
아니
진심일수록 추한
독백놀이를 하고 있다

여름밤 펼쳐진 아득한 바다와 파도 위의 펄떡임
조각난 기억의 파편을 온몸으로 맞으며 표류하는
핏줄 선 심장

육지는 껍질만 벗겨진 채로 춤추는―너와 나의 투박한
숨소리가 가득 메운―우리만의 시절

만나는 순간 달아나는 찰나와
영원히 호명될 이름의 응어리

보이지 않으면 죽은 것 같은 우리의 육체가

...

기어코 시작된 여름을 황급히 마무리하기 위해
냉동고를 열어 얼려 놓은 기억을 차례로 녹인다

내 입술로 천천히
내 혀로 천천히
네가 그린 궤적을 따라 가만히 더듬는다
흐려진 기억이 녹아 드러나는 파편들

덜덜대며 돌아가는 선풍기의 투박한 소리는 멀어진다
돌아가는 날개의 몸짓에 낀 너의 말마디만 가까워온다
새로이 얼음을 얼린다

내가 사랑하고 미워하는 여름
너 같은 여름이 다 갔다

파도시집선 012

키스 ; 비언어적 표현

초판 1쇄 발행 2023년 6월 21일 하짓날
　　2쇄 발행 2023년 1월 22일

지 은 이　| 해사 외 46명
펴 낸 곳　| 파도
편　　집　| 길보배
등록번호　| 제 2020-000013호
주　　소　| 서울시 용산구 동빙고동 55
전자우편　| seeyoursea@naver.com
I S B N　| 979-11-980233-6-0 (03810)

값 10,000원

ⓒ 파도, 2023. Printed in seoul, korea.

* 이 책의 판권은 지은이와 파도에게 있습니다. 양측의 서면 동의 없는 무단 전재 및 복제를 금합니다.
* 맞춤법과 띄어쓰기는 원본에서 기인하였습니다.
* 파도시집선 참여 작가들의 인세는 매년 기부됩니다.